ABC DE L'ENFANCE

Prix : 5 Centimes.
SE VEND A MONTREUIL,
chez Eugène Duval,
Libraire-Relieur, rue d'Hérambault, 14 et 16.

A	B	C
D	E	F
G	H	IJ
K	L	M

ABC
DE
L'ENFANCE

Prix : 5 Centimes.
SE VEND A MONTREUIL,
chez Eugène Duval,
Libraire-Relieur, rue d'Herambault, 14 et 16.

A	B	C
D	E	F
G	H	I J
K	L	M

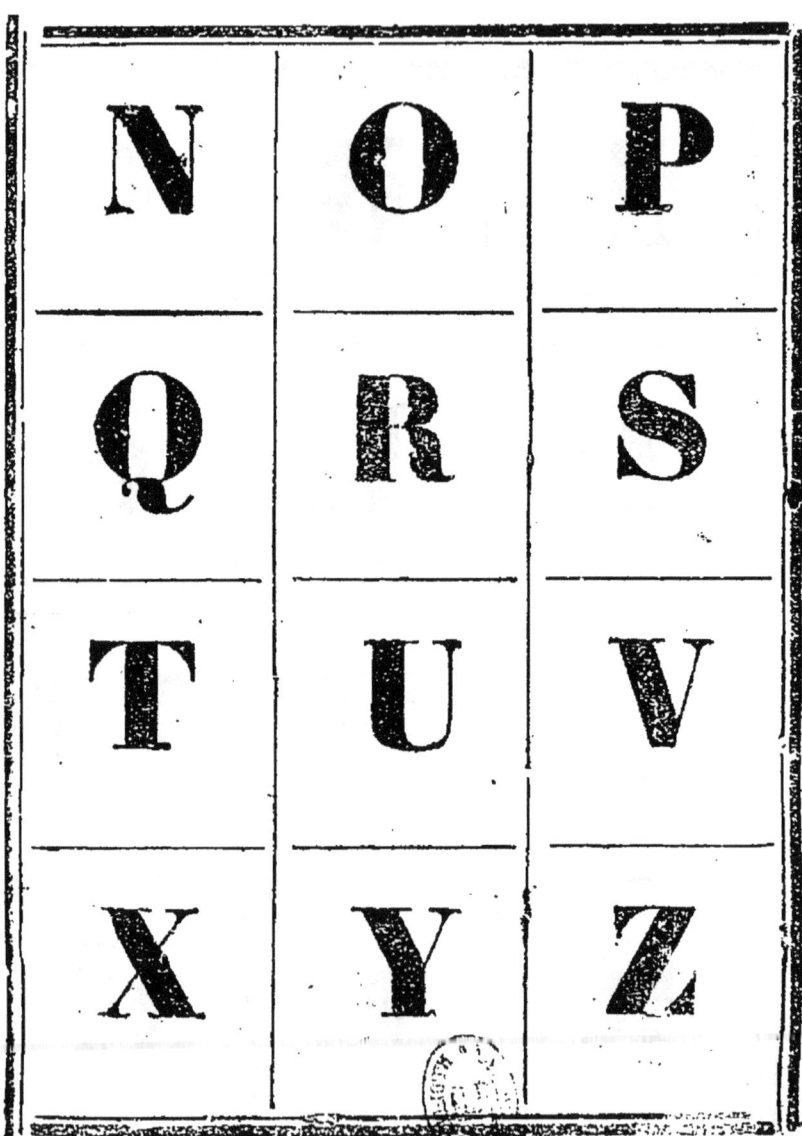

a	b	c
d	e	f
g	h	i j
k	l	m

N	O	P
Q	R	S
T	U	V
X	Y	Z

a	b	c
d	e	f
g	h	i j
k	l	m

n	o	p
q	r	s
t	u	v
x	y	z

1	2
3	4
5	6
7	8
9	0

n	o	p
q	r	s
t	u	v
x	y	z

1 2
3 4
5 6
7 8
9 0

Ba	bé	bè	be	bi	bo	bu
Ca	cé	cè	ce	ci	co	cu
Da	dé	dè	de	di	do	du
Fa	fé	fè	fe	fi	fo	fu
Ga	gé	gè	ge	gi	go	gu
Ha	hé	hè	he	hi	ho	hu
Ja	jé	jè	je	ji	jo	ju
Ka	ké	kè	ke	ki	ko	ku
La	lé	lè	le	li	lo	lu
Ma	mé	mè	me	mi	mo	mu
Na	né	nè	ne	ni	no	nu
Pa	pé	pè	pe	pi	po	pu
Qua	qué	què	que	qui	quo	quu
Ra	ré	rè	re	ri	ro	ru
Sa	sé	sè	se	si	so	su
Ta	té	tè	te	ti	to	tu
Va	vé	vè	ve	vi	vo	vu
Xa	xé	xè	xe	xi	xo	xu
Za	zé	zè	ze	zi	zo	zu

Ba	bé	bè	be	bi	bo	bu
Ca	cé	cè	ce	ci	co	cu
Da	dé	dè	de	di	do	du
Fa	fé	fè	fe	fi	fo	fu
Ga	gé	gè	ge	gi	go	gu
Ha	hé	hè	he	hi	ho	hu
Ja	jé	jè	je	ji	jo	ju
Ka	ké	kè	ke	ki	ko	ku
La	lé	lè	le	li	lo	lu
Ma	mé	mè	me	mi	mo	mu
Na	né	nè	ne	ni	no	nu
Pa	pé	pè	pe	pi	po	pu
Qua	qué	què	que	qui	quo	quu
Ra	ré	rè	re	ri	ro	ru
Sa	sé	sè	se	si	so	su
Ta	té	tè	te	ti	to	tu
Va	vé	vè	ve	vi	vo	vu
Xa	xé	xè	xe	xi	xo	xu
Za	zé	zè	ze	zi	zo	zu

No-tre Pè-re, qui ê-tes aux ci-eux, que vo-tre nom soit sanc-ti-fi-é ;

que vo-tre
règne arri-
ve ; que vo-
tre volonté
soitfaitesur
laterrecom-
me dans le

No-tre Pè-re, qui ê-tes aux ci-eux; que vo-tre nom soit sanc-ti-fi-é ;

que vo-tre
règne arri-
ve ; que vo-
tre volonté
soit faite sur
la terre com-
me dans le

ci-el ; don-
nez nous au-
jour - d'hui
no-tre pain
de cha-que
jour et par-
donnez-nous

nos offenses
comme nous
les par-don-
nons à ceux
qui nous ont
offensés, et
ne nous lais-

ci-el ; don-
neznousau-
jour - d'hui
no-tre pain
de cha-que
jour et par-
donnez-nous

nos offenses
comme nous
les par-don-
nons à ceux
qui nous ont
offensés, et
ne nous lais-

sez pas suc-
comber à la
tentation ; mais déli-
vrez - nous
du mal. Ain-
si-soit-il.

Je vous sa-lue Ma-rie, pleine de grâ-ces, le Sei-gneur est avec vous : vous ê-tes bé-nie en-tre tou-tes les femmes, et Jé-sus le fruit de vos en-trailles est béni

Sain - te Marie mè-re de Di - eu, pri - ez pour nous, pau - vres

sez pas succomber à la tentation ; mais délivrez - nous du mal. Ainsi-soit-il.

Je vous sa-lue Ma-rie, pleine de grâ-ces, le Seigneur est avec vous : vous ê-tes bé-nie en-tre tou-tes les femmes, et Jé-sus le fruit de vos en-trailles est béni.

Sain - te Marie mè-re de Di - eu, pri - ez pour nous, pau - vres pécheurs, maintenant et à l'heure de notre mort. Ainsi-soit-il.

Glo-ri-a Pa-tri et Fi-li-o et Spi-ri-tu-i Sanc-to.

Si-cut e-rat in prin-ci-pi-o et nunc et sim-per et in sœ-cu-la sœ-cu-lo-rum.

Amen.

EUGÈNE DUVAL,

Libraire et Marchand de Papiers à tapisser,

Rue D'Hérambault, 14 et 16,

Près des Bureaux de la Sous-Préfecture

A MONTREUIL - SUR - MER.

On trouve toujours dans cette librairie : Catéchismes du diocèse, Histoires Saintes, Psautiers, Evangiles, Croix de Jésus, Ancien et nouveau Testament, vie de Jésus-Christ, Livres d'Eglise, Grammaires, Exercices, Arithmétiques, histoires de France, Géographies, etc.

Reliures en tous genres

(Solidité garantie).

Cahiers, Crayons, Plumes, Encres, Ardoises, etc, et généralement ce qui peut être utile aux écoliers, le tout à des prix très-modérés.

PAPIERS A TAPISSER

depuis **20** c. et au-desssus.

Montreuil, Imprimerie et Lithographie de J. DUVAL
Editeur du *Journal de Montreuil,*
88. Grande-Rue. 88

pécheurs, maintenant et à l'heure de notre mort. Ainsi-soit-il.

Glo-ri-a Pa-tri et Fi-li-o et Spi-ri-tu-i Sanc-to.

Si-cut e-rat in prin-ci-pi-o et nunc et sim-per et in sœ-cu-la sœ-cu-lo-rum.

Amen.

EUGÈNE DUVAL,

Libraire et Marchand de Papiers à tapisser,
Rue D'Hérambault, 14 et 16,
Près des Bureaux de la Sous-Préfecture

A MONTREUIL - SUR - MER.

On trouve toujours dans cette librairie : Catéchismes du diocèse, Histoires Saintes, Psautiers, Evangiles, Croix de Jésus, Ancien et nouveau Testament, vie de Jésus-Christ, Livres d'Eglise, Grammaires, Exercices, Arithmétiques, histoires de France, Géographies, etc.

Reliures en tous genres

(Solidité garantie).

Cahiers, Crayons, Plumes, Encres, Ardoises, etc, et généralement ce qui peut être utile aux écoliers, le tout à des prix très-modérés.

PAPIERS A TAPISSER

depuis **20** *c. et au-dessus.*

Montreuil, Imprimerie et Lithographie de J. DUVAL,
Editeur du *Journal de Montreuil*,
88, Grande-Rue, 88.

www.ingramcontent.com/pod-product-compliance
Lightning Source LLC
Chambersburg PA
CBHW060904050426
42453CB00010B/1570